Parler de la gastronomie comtoise, c'est faire un long périple à travers notre Province. Chaque production nous fait découvrir un terroir avec son histoire et son caractère particulier.

Cette diversité était déjà reconnue au Moyen Age, tandis qu'au XVIe siècle, Lucien Fèbvre, dans son livre sur Philippe II et la Franche-Comté, rappelle que l'on connaît bien les « fromages cuits dans les fruitières », les salaisons comtoises déjà exportées très loin, les quartiers de porcs ou de vaches et de chèvres « bresy » ou « coty » suspendus l'hiver dans les grandes cheminées des montagnes du Doubs et du Jura.

A cette époque, le gibier était tellement abondant qu'on en « tenait boucherie » ; les rivières à leur tour, prodigieux viviers, fournissaient des poissons succulents. Les vins blancs et rouges de la Comté étaient sur les tables d'Erasme et de François Ier et connaissaient un grand succès. Autant d'atouts dans cette Province de Franche-Comté qui présentait ainsi des visages si divers.

Il y a cent ans, un Anglais passant en Franche-Comté, écrivait : « Toute la frontière française de l'Est, de Strasbourg à Lyon, est adonnée à bien vivre ; l'art culinaire atteint son apogée dans le milieu de la Franche-Comté ».

Cette réputation méritée de la cuisine comtoise était due en partie à la facilité avec laquelle les maîtres d'hôtel se procuraient d'excellents produits sans sortir de la Province. Nous avons parlé du gibier et des poissons, mais il y avait aussi les morilles de nos grandes forêts de sapin ; le beurre était de premier choix, les fromages façon gruyère et ceux de Septmoncel et de Morbier étaient de qualité supérieure, tandis que la Haute-Saône se réservait la cancoillotte. A Morteau, à Vuillafans, à Luxeuil, on trouvait des jambons et des saucissons incomparables. Baume-les-Dames triomphait avec ses sèches, ses confitures de groseilles et d'abricots entiers, ses craquelins et ses délicieuses pâtes de coings et de pommes. Montbozon avait ses biscuits, tandis que la réputation du kirsch de Fougerolles, Clairegoutte et Mouthier dépassait les frontières de la Province.

Aujourd'hui, en 1979, la diversité et la qualité de la cuisine comtoise sont dans la même tradition que celles du XVIe ou du XIXe siècle ; les recettes qui suivent en sont la preuve. La plupart ne viennent pas de grandes maisons, mais plutôt de nos fermes comtoises.

En parcourant ces recettes ou en les préparant, le lecteur fera un voyage à travers la Province comtoise :

- Il rentrera dans la ferme du Haut-Doubs ou du Haut-Jura, avec son immense cheminée « le tué » et ses viandes fumées, sa croûte aux morilles, sa gentiane.
- Dans la petite maison d'un vigneron du Jura, il appréciera le vin jaune avec un fromage façon gruyère, Comté ou Morbier.
- Il dégustera une truite de l'Ognon, dans une ferme-auberge des Vosges Saônoises, une bonne cancoillotte avec un jeune vin de Champlitte et terminera par un kirsch de Fougerolles.

Les recettes sont le témoignage de l'originalité de cette Province de Franche-Comté qui, aujourd'hui comme hier, présente la même diversité et la même qualité dans ses produits.

J.C. DEMARD

Les photos sont de Heidy et Alain Loviton,
les dessins de E.H. Cordier.

Nous remercions pour leur aimable collaboration : M. Baradel et le personnel de la Bibliothèque de Belfort, Mme Cametti Yvette (Bavilliers), M. Courtieu Jean Directeur des Archives du Doubs, Mme Demard Musée de Champlitte, Mme Dupuis Odette (Luxeuil), Mme Salmon Conservateur du Musée de Montbéliard, Sœur Marie Pascale (Besançon).

La Panade

Cuisson : 1 heure.

250 g. de pain sec / 50 g. de beurre / 1 dl. de crème fraîche / 1 œuf / Sel, poivre, muscade.

Faire dorer le pain coupé en tranches de 2 cm d'épaisseur. Mouiller avec 1 litre 1/2 d'eau bouillante. Laisser mijoter doucement pour éviter le débordement, environ 1 heure, sans remuer. Dans la soupière battre l'œuf et la crème avec une cuillère en bois et ajouter le pain. Mélanger.

Les Gaudes

Préparation et cuisson : 1 heure 10 minutes.

200 g. de farine de maïs / 50 g. de beurre / 2 dl. de crème / Sel, poivre.

Délayer à l'eau froide la farine de maïs en l'ajoutant peu à peu pour éviter qu'elle ne fasse des « gremottes » (grumeaux). Porter sur le feu et continuer à remuer jusqu'à épaississement. Laisser mijoter très doucement pour éviter les éclaboussures, pendant 1 heure. Saler. Si les gaudes sont trop épaisses, ajouter un peu de lait et le beurre. Dans la soupière mettre la crème et y verser la soupe.

Note : Dans l'assiette on peut mettre 1 cuillerée de crème sur les gaudes et on mangera sans remuer. Bien que cette soupe passe pour être essentiellement comtoise, elle se fait également dans d'autres provinces. Pour donner à la farine de maïs toute sa saveur, les paysans comtois faisaient sécher les « panouilles » suspendus sous l'avant-toit et les faisaient griller au four avant de les moudre.

Potage aux cèpes

Préparation et cuisson : 40 minutes.

250 g. de cèpes / 1 lit. de lait / 100 g. de mie de pain rassis / Sel, poivre / 30 g. de beurre.

Eplucher les champignons et les couper en morceaux. Les faire revenir au beurre. Faire tremper la mie de pain dans du lait. Faire bouillir le reste du lait avec 1/2 lit. d'eau.

Passer à la moulinette les champignons et la mie de pain trempée. Incorporer le tout au lait bouillant, saler, poivrer. Servir avec des croûtons frits au beurre.

La gratinée. Dans une casserole faire roussir au beurre 2 ou 3 oignons émincés. Saupoudrer de farine, ajouter suffisamment d'eau bouillante et laisser cuire un moment. Verser dans la soupière sur des tranches de pain entre lesquelles on a disposé du fromage de gruyère coupé en minces lamelles. Placer sur la soupe un croûton doré au beurre, saupoudré de gruyère râpé, par convive.

Pour pouvoir tirer des fils, il ne faut surtout pas râper le gruyère que l'on met au fond de la soupière mais le couper en petites lamelles. Seuls les croûtons qui surnagent sont recouverts de « râpé ».

Quand vient l'automne c'est le temps de la soupe au potiron.

Potage d'or

Préparation et cuisson : 40 minutes.

250 g. de potiron / 2 pommes de terre / 2 oignons / 2 cuillerées de crème fraîche / Croûtons / 1/4 lit. de lait.

Débarrasser une grosse tranche de potiron de son écorce, de sa partie spongieuse et de ses pépins.

La couper en gros dés, la faire cuire dans très peu d'eau (le potiron en fournissant beaucoup) avec les oignons en morceaux et les grosses pommes de terre. Laisser cuire parfaitement, puis écraser, allonger de lait jusqu'à consistance voulue, saler, poivrer, faire bouillir de nouveau.

Servir avec un morceau de beurre frais, ou mieux de la crème fraîche, et des croûtons grillés.

Soupe aux grenouilles

Préparation et cuisson : 50 minutes.

20 grenouilles / 125 g. de mie de pain trempée dans du lait / 30 g. de beurre / Sel, poivre, muscade.

Passer les grenouilles au beurre, avec sel, poivre, muscade pendant 10 minutes sur feu vif ; achever la cuisson à feu doux pendant 30 à 40 minutes ; égoutter les grenouilles, les piler, après avoir retiré les os, avec la mie de pain trempée dans du lait ; quand la pâte est bien liée ajouter le jus que les grenouilles ont rendu, passer à l'étamine, ajouter l'eau nécessaire au potage qui ne doit être ni trop clair ni trop épais. jeter bouillant sur des croûtons frits.

Soupe aux cerises

Préparation et cuisson : 35 minutes.

25 g. de beurre / 1 cuillerée à soupe de farine / Croûtons frits au beurre / 1 kg. de cerises / 2 cuillerées à soupe de kirsch / 100 g. de sucre.

Faire un roux avec le beurre et la farine, ajouter 1/2 litre d'eau tiède, puis les cerises, le sucre, le kirsch.

Dès que les fruits sont cuits versez sur les croûtons dans la soupière.

Note : Cette soupe n'est pas un entremets et doit précéder des plats épicés, par exemple du gibier, suivi d'une « rôtie » de « cancaillotte ».

Salade de pissenlits

Préparation : 30 minutes.

300 g. de pissenlits / 100 g. de lard maigre fumé / Sel, poivre / 1/2 oignon / 1 cuillerée d'huile / 1 cuillerée de vinaigre.

Mettre les pissenlits nettoyés, lavés plusieurs fois (mettre une grosse cuillerée de vinaigre au dernier rinçage) et égouttés dans un saladier avec sel, poivre.

Faire revenir le lard coupé en petits morceaux dans l'huile et verser sur la salade.

Mettre le vinaigre dans la poêle chaude puis répandre sur les pissenlits.

Décorer avec des rondelles d'œufs durs.

Salade forestière

Préparation et cuisson : 1 heure 15 minutes.

500 g. de pommes de terre / 1 petit chou-fleur / 100 g. de champignons « rosés des prés » / 1 bol de mayonnaise.

Couper les pommes de terre épluchées en petits morceaux. Faire cuire à la vapeur. Eplucher et laver le chou-fleur, le faire cuire à l'eau bouillante salée. Laver les champignons, les émincer, les arroser avec un jus de citron pour qu'ils restent blancs. Disposer tous ces ingrédients dans un saladier en alternant les couches de légumes et de mayonnaise.

Variante : On peut présenter ces salades séparément sur des plats. Saupoudrer les champignons et les pommes de terre de persil haché et le chou-fleur d'un œuf dur écrasé à la fourchette.

Salade de gruyère

Préparation : 30 minutes.

100 g. de gruyère par personne / 3 échalotes / Huile, vinaigre / Sel, poivre.

Couper le gruyère en fines petites allumettes de 2 à 3 cm de longueur et assaisonner de vinaigrette bien relevée ; laisser bien imprégner.

Disposer sur un plat garni de feuilles de laitue, et entourer de quartiers de tomates.

On peut varier le décor avec des cervelas, des œufs durs, etc...

Dès la fin de l'hiver revient la saison des « cramaillots » (pissenlits).

Très couleur locale : la salade de gruyère.

Un trio sympathique : salade de pommes de terre, de « rosés », de chou-fleur.

Fondue franc-comtoise

Préparation et cuisson : 35 minutes.

2 verres de vin blanc très sec / 1 verre à liqueur de kirsch / Poivre / 1 gousse d'ail / 1 cuillerée à café de fécule / 500 g. de fromage Comté et Emmenthal.

Couper des petits morceaux de pain rassis dans les assiettes des convives.

Couper le fromage en morceaux de 2 à 3 cm de large et assez longs de façon à obtenir des tranches minces. Couper la gousse d'ail épluchée en deux et avec la partie coupée, frotter bien l'intérieur du poêlon. Y verser les deux verres de vin et y déposer les tranches de fromage en alternant les deux sortes. Poser le poêlon sur le feu très doux et dès que le mélange commence à chauffer, remuer sans arrêt avec une spatule en bois. Soulever les lamelles de gruyère pour qu'elles se mélangent au vin en fondant. Pour rendre le mélange homogène, agiter avec un fouet, le liquide ne doit arriver à ébullition que lorsque le fromage est complètement fondu et mélangé au vin.

Délayer la fécule dans une cuillerée à soupe de vin, ajouter le kirsch. Verser le tout dans le poêlon, poivrer.

Porter sur la table sur un réchaud allumé en tournant à nouveau avec la cuillère en bois.

Gâteau béchamel au fromage

Préparation et cuisson : 1 heure 45 minutes.

2 verres de lait / 1 cuillerée de farine / 125 g. de beurre / 125 g. de fromage de gruyère / 4 œufs.

Faire une bouillie épaisse avec les verres de lait et la farine. La retirer du feu, ajouter le beurre, le fromage, les jaunes d'œufs, puis les blancs battus en neige ferme.

Beurrer un moule à soufflé et y verser le mélange. Cuire au bain-marie environ 1 heure 30.

Servir avec une sauce tomate ou une sauce blanche.

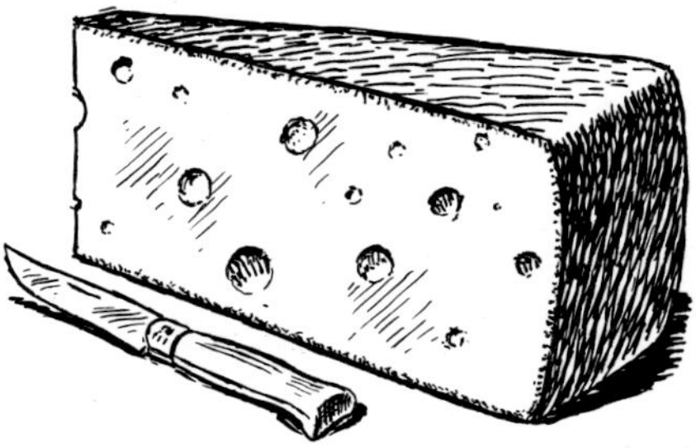

« Flans » de Morez

Préparation et cuisson : 10 minutes + 40 minutes.

Les « flans » sont des gâteaux en forme de tricorne, constitué par une abaisse de pâte brisée dont on relève les coins pour enfermer un morceau de gruyère.

250 g. de farine / 125 g. de beurre et de saindoux / Sel / 1 petit verre d'eau.

Préparer la pâte brisée (autrefois cette dernière était faite avec une matière grasse : beurre et saindoux).

La pâte, après avoir reposé plusieurs heures, sera découpée en triangle. Au milieu disposer un morceau de gruyère, replier les bords, les souder avec de l'eau, dorer le dessus au jaune d'œuf.

Faire cuire à four moyen jusqu'à ce que les gâteaux soient bien dorés.

Variante : Cette pâtisserie salée était autrefois très appréciée en Franche-Comté. On peut également réaliser la même préparation avec une pâte feuilletée et ajouter un morceau de jambon. Cette variante était réservée aux préparations des jours de fête et le jambon était parfois, par souci d'économie, remplacé par du lard fumé.

Galette de Goumeau de Saint-Amour

Préparation et cuisson : 10 minutes + 30 minutes.

Pâte : *100 g. de beurre / 1 œuf / 200 g. de farine / Sel.*
Goumeau : *1 œuf entier / 1/2 verre de crème fraîche et épaisse / Sel, poivre.*

Faire la pâte, la laisser reposer 1 heure. L'étendre au rouleau, la dresser sur une tôle en lui laissant un ourlet de un ou deux centimètres de hauteur. Verser dessus le goumeau. Faire cuire environ 20 minutes dans un four très chaud.

Délices du Jura

Préparation et cuisson : 45 minutes.

250 g. de pâte feuilletée / 3 tranches de jambon / 100 g. de gruyère.

Etendre la pâte et découper des carrés de 8 à 10 cm. Déposer dessus 1 ou 2 lamelles de Comté et un morceau de jambon, le tout de la longueur du morceau de pâte. Replier le carré, souder les bords, faire cuire à four chaud, servir brûlant. Cette préparation peut se faire la veille et simplement repasser au four avant de servir.

Quiche au fromage et aux lardons.

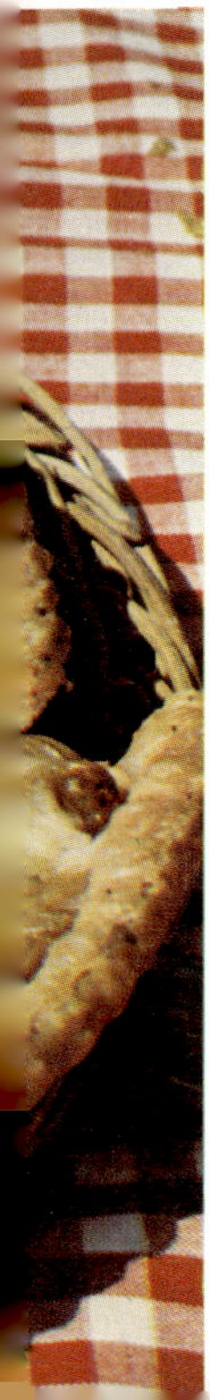

Tarte aux oignons.

Quiche au fromage et aux lardons

Préparation et cuisson : 50 minutes.

250 g. de pâte brisée / 100 g. de gruyère / 100 g. de lard maigre / 2 dl. de crème / 2 œufs.

Foncer une tourtière avec la pâte.

Râper le gruyère ; couper le lard en petits morceaux. Dans un bol mélanger la crème et les œufs.

Placer le lard sur le fond de pâte, puis le gruyère et la crème. Cuire à four chaud 25 minutes. Servir chaud.

Tarte aux oignons

Préparation et cuisson : 50 minutes.

250 g. de pâte brisée / 30 g. de beurre / 30 g. de farine / 1/4 lit. de lait / 2 oignons.

Eplucher et faire revenir les oignons dans le beurre, ajouter la farine, laisser blondir en remuant. Ajouter le lait chaud progressivement pour éviter les grumeaux. Faire cuire à tout petit feu 10 mn.

Etendre la pâte, garnir une tourtière. Y étaler la préparation. Faire cuire à four chaud.

Variante : On peut ajouter des petits lardons aux oignons.

Soufflé au fromage

Préparation et cuisson : 1 heure.

200 g. de pain rassis / 3 dl. de lait / 3 œufs / 150 g. de comté / Sel.

Casser le pain dans une terrine, verser dessus le lait très chaud. Laisser gonfler 15 mn. Réduire en bouillie et ajouter le gruyère râpé, les jaunes d'œufs.

Battre les blancs en neige et les mêler délicatement à la préparation.

Verser dans un moule à soufflé. Enfourner à four chaud environ 30 minutes.

La fondue

Préparation et cuisson : 30 minutes.

2 dl. de vin blanc / 1 gousse d'ail / 6 œufs / 60 g. de fromage / 60 g. de beurre / Sel, poivre.

Faire réduire le vin de moitié ; le passer et le laisser refroidir. Y casser les œufs et ajouter le fromage, le beurre. Mettre sur le feu, remuer sans interruption avec la fourchette, lorsque les œufs commencent à prendre, retirer du feu, remuer encore 2 mn.

Cette entrée est stimulante pour un repas entre hommes.

Omelette mollette

Préparation et cuisson : 20 minutes.

6 œufs / 60 g. de beurre / Un peu de fines herbes / Sel, poivre.

Battre les œufs, juste quelques coups de fourchette pour éviter qu'ils ne tombent en eau, ajouter un peu de persil ou de ciboulette coupés menus, le sel et le poivre.

Mettre le beurre dans la poêle. Verser le mélange et faire frire ; dès que le fond est pris soulever les bords pour faire couler le liquide qui reste dessus dans la poêle.

Dès que les œufs sont épaissis, la plier en trois en la glissant sur le plat.

Omelette aux pommes de terre

Préparation et cuisson : 45 minutes.

500 g. de pommes de terre / 6 œufs / 50 g. de matière grasse / Fines herbes / Sel, poivre.

Couper les pommes de terre épluchées en rondelles. Les mettre à dorer dans une poêle avec de la matière grasse. Dans un saladier casser les œufs, les saler, les poivrer. Dès que les pommes de terre sont cuites, les verser dans les œufs en remuant, remettre le tout dans la poêle graissée pour faire prendre l'omelette. Servir sur un plat en la saupoudrant de fines herbes hachées.

Un tableau de pêche qui laisse prévoir une bonne meurette ou ...

... une matelote.

La meurette

Préparation et cuisson : 1 heure.

Truite, tanche, carpe / 1 bouteille de vin rouge / 1/2 oignon / 5 gousses d'ail / 100 g. de lard de poitrine / 1 feuille de laurier / Bouquet garni / 20 g. de beurre manié avec 1 cuillerée de farine / Sel, poivre.

Couper le poisson en morceaux proportionnés, les ranger dans la cocotte avec les divers ingrédients et le lard coupé en tout petits morceaux. Couvrir avec du bon vin rouge ordinaire (éviter les vins épais et plats).

Faire cuire environ 30 mn., ajouter le beurre manié pour épaissir le jus de cuisson. Dresser dans un plat chaud et y verser la sauce passée.

La matelote

Préparation et cuisson : 1 heure.

Truite, perche, brochet / 1 bouteille de vin blanc / 1/2 oignon / 5 gousses d'ail / 100 g. de lard de poitrine / 1 feuille de laurier / Bouquet garni / 20 g. de beurre / 1 cuillerée de farine / 1 œuf / 1 dl. de crème.

Disposer les morceaux de poisson dans une cocotte avec les assaisonnements et le vin. Cuire 30 mn. Ajouter le beurre manié puis le jaune d'œuf mélangé à la crème, tourner sans discontinuer pour que la sauce se lie sans bouillir, elle « trancherait » comme disait Marie de Saint-Juan*. Elle doit masquer la cuillère. Passer la sauce et la verser sur le poisson déposé dans un plat chauffé.

* BAILLE Ch., Menus propos sur la Cuisine Comtoise, édit. J. Poisson, Paris 1907.

Truites à la Saint-Florentin

Préparation et cuisson : 30 minutes.

6 truites / 125 g. de beurre / Fines herbes / 6 clous de girofle / 2 oignons / 2 feuilles de laurier / 1 branche de thym / Vin blanc.

Mettre du beurre frais dans les truites vidées (15 g.), les placer dans une poissonnière avec les aromates et couvrir d'un bon vin blanc.

Faire cuire sur feu vif pour que les flammes montent le long de la poissonnière et qu'elle fasse prendre feu à la vapeur du vin en ébullition. Quand la flamme s'éteint, ajouter à la sauce restante 50 g. de beurre, pétri avec 1 ou 2 cuillerées de farine. Retirer les truites, dresser sur un plat de service, passer la sauce et napper les poissons.

Truite au vin blanc

Préparation et cuisson : 1 heure.

6 truites / Quelques cuillerées de farine / Quelques cuillerées d'huile / 150 g. de beurre / 1 paquet de noisettes / 2 gousses d'ail / 1 petit pot de crème / 1 citron / 2 verres de vin blanc sec.

Concasser grossièrement les noisettes, préparer les rondelles de citron. Prendre de belles truites, une par personne, les vider, les laver, les essuyer. Les rouler soigneusement dans la farine une à une, saler, poivrer.

Dans une poêle faire chauffer l'huile et faire cuire les truites de chaque côté. Préparer un plat au bain-marie pour maintenir les truites au chaud pendant la préparation de la sauce. Lorsque les truites sont cuites, les déposer dans le plat et couvrir de papier d'aluminium. Jeter l'huile et mettre à la place le beurre ainsi que les noisettes, laisser légèrement prendre couleur. Mettre en attente dans un récipient.

Déglacer la poêle avec le vin blanc et ajouter l'ail très finement haché. Faire réduire puis ajouter la crème fraîche, verser sur les truites et recouvrir de noisettes, garnir avec une rondelle de citron.

Truite au bleu

Préparation et cuisson : 30 minutes.

6 truites.
Court bouillon : *400 g. de carottes / 400 g. d'oignons / 1 bouquet garni / 5 dl. de vin blanc / 5 grains de poivre environ.*
Beurre fondu : *400 g. de beurre / 1 citron / 30 g. de persil.*

Eplucher les carottes et les oignons. Les laver. Emincer les carottes. Couper les oignons en rondelles.

Dans une grande marmite mettre 1 lit. 1/2 d'eau, le vin blanc, les carottes et le bouquet garni, une pincée de gros sel. Porter à ébullition et faire cuire 10 mn. Ajouter les oignons et laisser cuire 5 mn., puis les grains de poivre, poursuivre la cuisson quelques minutes.

Ebarber, vider et laver les truites. Les mettre à égoutter.

Dans un plat à large fond déposer les truites, verser dessus le court-bouillon refroidi. Porter à ébullition et faire frémir doucement pendant 10 mn.

Dans une petite casserole mettre 1/2 verre d'eau, une pincée de sel, un peu de poivre, un jus de citron. A l'ébullition ajouter le beurre en morceaux et avec un tout petit feu le laisser fondre lentement.

La préparation doit prendre un aspect laiteux. Vérifier l'assaisonnement et présenter en saucière.

Poser délicatement les truites sur un plat chaud, décorer avec des rondelles de citron.

Le gratin de pommes de terre.

Une fricassée de trompettes des morts

Une manière agréable d'accommoder les derniers haricots du jardin.

Gratin de pommes de terre

Préparation et cuisson : 1 heure 15 minutes.

1 kg. de pommes de terre / 200 g. de gruyère / 20 g. de beurre / 3 beaux oignons / 1/2 lit. de lait / Sel, poivre.

Faire revenir les oignons émincés dans le beurre. Dans un plat en terre beurré, mettre une couche de pommes de terre épluchées et coupées en rondelles, une couche d'oignons, une couche de fines lamelles de gruyère, une autre couche de pommes de terre, terminer par une couche de gruyère. Verser le lait salé et poivré jusqu'au niveau des pommes de terre. Faire cuire à four chaud 40 mn.

Haricots frais

Préparation et cuisson : 1 heure.

1,500 kg. de haricots à écosser / 1 tranche de jambon / 125 g. de beurre / 6 gousses d'ail / Bouquet garni / 1 lit. d'eau bouillante / Sel, poivre / 1/2 lit. de crème double.

Ecosser les haricots. Faire fondre 50 g. de beurre dans une cocotte. Y mettre les grains, couvrir et laisser étuver 15 mn. en remuant fréquemment à l'aide d'une cuillère en bois. Mouiller avec l'eau bouillante, ajouter 2 gousses d'ail et un bouquet garni, couvrir, laisser mijoter. Saler et poivrer après 1/2 heure de cuisson.

Pendant ce temps couper finement le jambon. Faire blondir le reste de beurre dans une sauteuse et y jeter rapidement les morceaux de jambon. Laisser juste raidir et ajouter les gousses d'ail finement hachées en remuant afin qu'elles soient juste cuites. Mouiller avec la crème, le beurre blond doit la colorer légèrement. Faire épaissir cette sauce. Verser les haricots égouttés, saupoudrer d'une abondante persillade.

Poireaux au vin du Jura

Préparation et cuisson : 45 minutes.

6 gros poireaux / 100 g. de Comté / 30 g. de beurre / 30 g. de farine / 1/4 lit. de vin blanc / 1 dl. de crème / Sel, poivre.

Couper les poireaux bien lavés en tronçons. Faire cuire à l'eau bouillante salée 1/4 d'heure ; les égoutter, les mettre dans un plat à feu bien graissé.

Faire un roux avec beurre et farine, mouiller avec le vin blanc, assaisonner et ajouter la crème. Recouvrir les poireaux avec cette sauce puis avec le Comté coupé en fines lamelles. Mettre au four pour gratiner.

Les champignons

Nos francs-comtois sont très prudents en ce qui concerne les champignons. Bien que les espèces impunément comestibles soient très nombreuses ils s'en tiennent généralement à la roussotte ou chanterelle, au mousseron qui pousse dans les plaines, aux morilles, à la clavaire jaune et à la clavaire qu'ils appellent menotte et crête de coq. Ils se hasardent quelquefois à manger des bolets (cèpes) et des trompettes de la mort (craterelle noire) mais ils ne poussent guère plus loin leur curiosité gastronomique. (Ch. Bauquier).

Champignons en ragoût

Préparation et cuisson : 45 minutes.

1,500 kg. de champignons / 12 petits oignons blancs / 1 cuillerée de farine / 2 dl. de vin blanc / Persil, thym hachés / Sel, poivre / 2 jaunes d'œufs / 6 tranches de pain rassis / 1 cuillerée de vinaigre / 20 g. de beurre.

Eplucher, blanchir les champignons à l'eau bouillante vinaigrée ou citronnée pour conserver leur blancheur.

Dans une casserole faire dorer les oignons dans le beurre, puis ajouter la farine et lui faire prendre couleur, mouiller avec un demi-verre d'eau puis avec le vin. Ajouter les champignons puis l'assaisonnement. Juste avant de servir lier la sauce avec les jaunes d'œufs.

Garnir le fond d'un plat avec les croûtons de pain passés au beurre et bien dorés et y verser la préparation.

Variante : On peut servir dans des croûtes.

Fricassée de craterelles

Préparation et cuisson : 30 minutes.

1 kg. de trompettes des morts / 50 g. de beurre / 1 gros oignon / 2 gousses d'ail / 10 branches de persil.

Trier les champignons et enlever la terre du pied. Les laver plusieurs fois. Mettre une cuillerée de vinaigre dans le dernier lavage. Les égoutter.

Dans une sauteuse, mettre les champignons et les laisser suer leur eau. Dès qu'elle est complètement réduite, ajouter le beurre, l'ail et le persil haché. Faire mijoter 10 mn. et servir.

Coq au vin.

Lapin à l'aurore.

Pour un faisan aux mousserons... ou aux raisins.

Lapin à l'aurore

Préparation et cuisson : 1 heure 10 minutes.

1 lapin / 80 g. de beurre / 4 échalotes hachées / 2 gousses d'ail / 1 petit verre de cognac / 1 verre de vin blanc / 4 cuillerées de concentré de tomate / 1/2 lit. de crème / Sel, poivre, paprika.

Découper le lapin. Faire chauffer le beurre dans une cocotte et y faire revenir les morceaux de lapin jusqu'à ce qu'ils soient bien dorés. Lorsque les morceaux sont bien rissolés jeter le hachis d'échalotes, laisser fondre, ajouter l'ail. Arroser avec le cognac, flamber. Mouiller avec le vin blanc, saler, poivrer, saupoudrer de paprika, ajouter le concentré de tomate, laisser cuire à très petit feu. 5 mn. avant la fin de la cuisson, ajouter la crème, laisser épaissir. Saupoudrer de persil haché sur le plat de service.

Faisan aux mousserons

Préparation et cuisson : 2 heures.

1 faisan / 2 bardes de lard / 20 cl. de vin blanc du Jura / 250 g. de mousserons / 40 g. de beurre / Sel, poivre / 1 dl. de crème.

Plumer, vider et flamber le faisan. Saler et poivrer l'intérieur. L'entourer des bardes de lard et le ficeler.

Le mettre avec le beurre dans une cocotte, le couvrir et le faire cuire 30 mn. Pour vérifier la cuisson piquer à la jointure de la patte, le jus qui s'écoule ne doit plus être rose.

Verser les mousserons nettoyés et lavés dans une poêle, les faire dorer dans un peu de beurre.

Sortir le faisan, le couper en quatre et le tenir au chaud.

Déglacer le jus de cuisson avec le vin blanc, ajouter les champignons, la crème, vérifier l'assaisonnement et laisser mijoter 10 mn.

Napper les morceaux avec la sauce.

Coq au vin

Préparation et cuisson : 1 heure 15 minutes.

1 beau poulet / 1 oignon / 3 échalotes / 1/2 bouteille de vin blanc / 20 g. de farine / 100 g. de petits champignons « rosés ».

Faire dorer le poulet sur toutes ses faces. Le réserver au chaud.

Mettre dans la cocotte l'oignon et les échalotes hachés, laisser prendre couleur, saupoudrer avec la farine, remuer, ajouter le vin blanc, saler, poivrer.

Remettre le coq et laisser cuire doucement 45 min. Ajouter les champignons dans la sauce et prolonger la cuisson 10 min.

La potée comtoise

Préparation et cuisson : 2 heures.

1 livre de côti / 300 g. de lard maigre fumé / 1 saucisse de Morteau / 200 g. de poitrine salée / 3 carottes / 1 navet / 300 g. de haricots verts / 250 g. suivant la saison de haricots mi-secs / 1 chou de Milan / 500 g. de pommes de terre / 1 gousse d'ail / Quelques grains de poivre / 1 oignon piqué de 4-5 clous de girofle.

Mettre la viande dans 3 litres d'eau. Faire bouillir 1/2 heure après avoir piqué la saucisse pour qu'elle n'éclate pas. Ajouter les carottes, les navets, les haricots ; 1/2 heure après, le chou ; laisser cuire encore 3/4 d'heure. Mettre les pommes de terre épluchées et coupées en quartiers 1/4 d'heure avant la fin de cuisson. Dès qu'elles sont cuites, verser le liquide restant sur des tranches de pain rassis, dans la soupière. Servir ensuite les légumes et la viande.

Potée d'hiver

Préparation et cuisson : 2 heures 15 minutes.

500 g. de lard ou « côti » / 250 g. de haricots secs / 1 poireau / 1 chou-rave / 6 petites pommes de terre / 3 carottes / 2 lit. d'eau.

Faire tremper les haricots 12 heures. Mettre la viande dans une cocotte à l'eau froide, y ajouter tous les légumes, sauf les pommes de terre qu'il ne faut mettre que 20 mn. avant la fin de la cuisson, qui doit durer 2 heures. Le tout doit baigner dans l'eau. Servir le bouillon de cuisson sur des croûtons grillés. Disposer la viande sur un plat et répartir les légumes autour.

Chou au fromage

Préparation et cuisson : 40 minutes.

1 gros chou / 150 g. de gruyère / Poivre / Chapelure.

Mettre cuire le chou dans un peu de bouillon salé et poivré. Disposer dans un plat en terre une couche de feuilles de chou, une couche de lamelles de gruyère, répéter plusieurs fois, terminer par du fromage, saupoudrer de chapelure et faire cuire 20 mn. au four.

Un chou farci, c'est une préparation assez longue, mais quel régal !

Versé sur des croûtons dans une soupière, le liquide de cuisson de la potée donne une soupe délicieuse.

Comme le chou, les tomates et les pommes de terre farcies permettent d'utiliser agréablement un reste de pot-au-feu ou de rôti de porc.

Chou farci

Préparation et cuisson : 2 heures.

250 g. de viande hachée cuite / 1 bol de mie de pain trempée dans du lait / 1 peu de persil et 1 oignon hachés / 2 bardes de lard / 2 oignons / 3 carottes / 1 verre de vin blanc / 2 verres de bouillon / Sel, poivre.

Faire une farce avec la viande, la mie de pain, l'œuf, le persil et l'oignon hachés. Bien mélanger.

Faire blanchir le chou entier à l'eau bouillante. L'égoutter et le rafraîchir à l'eau froide.

Ecarter les feuilles et garnir chacune avec un peu de farce en partant du cœur.

Barder le chou avec le lard et le ficeler. Le mettre dans une cocotte avec les oignons, les carottes et le bouillon.

Saler, poivrer et cuire 1 heure à feu doux.

Pommes de terre farcies

Préparation et cuisson : 1 heure 30 minutes.

6 pommes de terre / 200 g. de viande hachée (reste de pot-au-feu ou rôti) / 1 gros oignon / 100 g. de mie de pain / 1 verre de lait / 1 œuf / Quelques brins de persil.

Eplucher les pommes de terre, les laver et les sécher tout de suite.

Leur couper une petite épaisseur sur le côté pour leur donner de la stabilité.

Les ranger sur une plaque à gâteaux très légèrement beurrée et les mettre à four vif. Une croûte va se former.

Pendant ce temps préparer la farce avec le persil, l'oignon et la viande hachés, le pain trempé dans le lait auquel on ajoute l'œuf, sel et poivre. Bien mélanger le tout.

Quand elles sont cuites aux 3/4, les creuser à la cuillère et les remplir avec la farce.

Dans une cocotte beurrée, ranger les pommes de terre farcies, ajouter un dl. de bouillon ou même un reste de bon jus.

Interposer un papier entre la casserole et le couvercle. Laisser cuire une 1/2 heure.

Le jus va réduire, les pommes de terre vont se colorer.

Vérifier que le jus ne réduise pas trop vite si le four est vif.

On peut mettre cuire dans un plat en terre et couvrir de papier alu.

Chou-rave

Préparation et cuisson : 1 heure 30 minutes.

1 chou-rave / 1 oignon / 30 g. de saindoux ou huile / 1 palette / 150 g. de lard gras / 1 Jésus de Morteau.

Couper le chou-rave en lanières et le faire blanchir 10 mn. Détailler l'oignon en rondelles et le lard en petits morceaux et faire rissoler dans la matière grasse. Ajouter le chou-rave, les viandes fumées et 1 verre d'eau. Laisser cuire 1 heure.

Variante : On peut également faire cuire ce légume sans le fumé et le servir en accompagnement d'un rôti de porc.

Côtes de bettes au gratin

Préparation et cuisson : 1 heure.

1 kg. de côtes de bettes / 30 g. de beurre / 30 g. de farine / 1/2 lit. de lait / 50 g. de gruyère / Quelques branches de persil / 2 gousses d'ail.

Retirer les feuilles et couper les côtes en morceaux. Les faire cuire.

Préparer une béchamel avec le beurre, la farine et le lait. Y ajouter le persil et l'ail hachés. Saler, poivrer.

Dans un plat à gratin beurré, disposer une couche de bettes, une couche de béchamel, et ainsi de suite jusqu'à épuisement, finir par la sauce. Disposer des lamelles de gruyère sur la surface du plat et quelques morceaux de beurre. Faire gratiner 20 mn.

Chou-fleur au gratin

Préparation et cuisson : 1 heure.

1 gros chou-fleur / 30 g. de beurre / 30 g. de farine / 100 g. de gruyère / 1 tasse de lait / 2 dl. de crème / Sel, poivre, muscade.

Enlever les feuilles, détacher les bouquets de fleurs, les laver. Les faire cuire dans de l'eau bouillante salée, en veillant à ce que les bouquets restent fermes.

Faire une sauce béchamel avec le beurre, la farine, le lait, la crème, sel, poivre et muscade ; ajouter à la fin une partie du gruyère en lamelles. Reconstituer le chou-fleur dans un plat allant au four et recouvrir avec la sauce, parsemer de lamelles de gruyère. Faire gratiner.

Saucisse de Morteau au chou.

Accompagné de salades diverses, le jambon en croûte cuit dans le four à pain (du boulanger) garde toute sa saveur.

Accompagnée de « fumés » : saucisses de Montbéliard ou de Morteau, lard et jambon, la choucroute constitue un menu d'hiver.

Saucisse de Morteau aux choux

Préparation et cuisson : 1 heure 30 minutes.

1 beau chou / 2 gros oignons / 50 g. de matière grasse / 1 gousse d'ail / Sel, poivre / 1 gros Jésus de Morteau / 1 petite tranche de lard / 1 verre de vin blanc / 1 verre de bouillon ou eau.

Couper le chou en lanières et le blanchir 10 mn. à l'eau bouillante. L'égoutter.

Dans une cocotte mettre la matière grasse, les oignons épluchés et coupés en rondelles ; laisser légèrement prendre couleur.

Y ajouter les choux, le vin, la viande et le bouillon. Couvrir et laisser mijoter doucement 1 heure.

Choucroute

Préparation et cuisson : 2 heures.

1 kg. de choucroute / 500 g. de pommes de terre / 50 g. de saindoux / 1 oignon / 1 feuille de laurier / 1 gousse d'ail / 10 baies de genièvre / 3-4 grains de poivre / 4-5 grains de coriandre / 1/4 lit. de vin blanc sec.
1 palette fumée / 1 Jésus de Morteau / 250 g. de lard gras / 3 saucisses de Montbéliard / 1 petit jambonneau (facultatif).

Laver la choucroute à l'eau froide plusieurs fois ; l'égoutter et la presser pour extraire l'eau. Faire revenir les oignons émincés dans la matière grasse, ajouter la choucroute, puis les différents assaisonnements. Mouiller avec le vin blanc et le bouillon. Y déposer la palette et le petit jambonneau. Laisser mijoter pendant 3/4 d'heure.

Mettre les saucisses, piquées avec une aiguille pour qu'elles n'éclatent pas, le lard, et remettre à cuire encore 3/4 d'heure. Vérifier qu'il reste suffisamment de liquide au fond de la marmite.

Poser les pommes de terre épluchées dans la casserole, elles s'imprégneront en cuisant de l'odeur de la choucroute.

Servir celle-ci entourée des viandes découpées, accompagnée d'un vin blanc sec, en principe le même que celui qui a servi à sa préparation.

C'est un plat très copieux qui s'accompagne d'un dessert léger.

Petits pois à la crème

Préparation et cuisson : 30 minutes.

1 lit. de pois écossés ou 2 kg. de petits pois / 30 g. de beurre / 1 morceau de sucre / 1 laitue / 50 g. d'oignons / 20 g. de beurre / 1/2 lit. de sauce blanche / 1 jaune d'œuf.

Mettre les pois dans une casserole avec l'eau, le beurre, la laitue et les oignons, saler. Laisser cuire à grand feu pendant 25 mn.

Mettre le sucre, ajouter la sauce blanche additionnée de crème et lier avec le jaune d'œuf.

On peut utiliser le reste d'eau de cuisson des pois pour faire la sauce blanche.

Carottes braisées

Préparation et cuisson : 1 heure 15 minutes.

1 kg. de carottes / 30 g. de beurre / 2 oignons / 1 clou de girofle / 1 gousse d'ail / 1 bouquet garni / Sel, poivre / Persil.

Gratter les carottes, éplucher les oignons, couper le tout en rondelles. Dans une casserole, faire chauffer le beurre, y jeter les carottes et les oignons, la gousse d'ail, le clou de girofle et le bouquet garni, saler, poivrer et mélanger. Laisser mijoter à feu doux 40 à 60 minutes. Retirer le bouquet garni, saupoudrer de persil haché juste avant de servir.

Purée tango

Préparation et cuisson : 1 heure.

500 g. de pommes de terre / 500 g. de carottes / 30 g. de beurre / 2 cuillerées de crème / 1 oignon / Un peu de persil frais haché / Sel.

Faire cuire les pommes de terre et les carottes après les avoir épluchées dans un litre d'eau bouillante salée. Dès qu'elles sont cuites, les égoutter, les écraser au presse-purée sans les laisser refroidir. Travailler vigoureusement la purée avec une spatule, en y ajoutant le beurre par petits morceaux, puis la crème. Dresser sur un plat. Faire revenir l'oignon à la poêle, après l'avoir émincé, l'étendre sur la purée et saupoudrer de persil.

Les sablés, les tuiles et le flan composent un excellent dessert.

Oeufs à la neige, servis avec des dents de loup.

Oeufs à la neige

Préparation et cuisson : 45 minutes.

1 lit. de lait / 6 œufs / 150 g. de sucre / 2 cuillerées à soupe d'eau / 1 gousse de vanille / Caramel avec 10 morceaux de sucre / 2 sachets de sucre vanillé.

Battre les blancs d'œufs en neige très ferme. Ajouter 80 g. de sucre en poudre et le sucre vanillé.

Faire bouillir le lait avec la gousse de vanille fendue dans le sens de la longueur. Tremper une cuillère à soupe dans le lait chaud et prélever une cuillerée de blancs en neige que l'on fait glisser dans le lait ; laisser pocher quelques secondes, retourner pour faire pocher l'autre face. Retirer avec l'écumoire et déposer sur le plat. Procéder jusqu'à épuisement des blancs d'œufs.

Mélanger les jaunes d'œufs, le reste de sucre et 1 sachet de sucre vanillé. Verser le lait bouillant en remuant les œufs constamment avec une cuillère en bois. Mettre à épaissir sur un feu très doux ; la préparation ne doit pas bouillir. Dès que la crème nappe la cuillère, retirer du feu et verser entre les blancs d'œufs pochés, qui vont surnager. Faire un caramel blond et le verser sur les blancs d'œufs.

Si l'on craint que la crème ne tourne on peut ajouter aux œufs une cuillerée de maïzena mais elle est moins fine.

Oeufs au lait (flan)

Préparation et cuisson : 1 heure.

1 lit. de lait / 6 œufs / 100 g. de sucre / 1 cuillerée de rhum / 6 morceaux de sucre.

Faire bouillir le lait.

Dans une terrine battre les œufs, le sucre, ajouter le rhum.

Faire un caramel en mettant les morceaux de sucre et une cuillerée d'eau dans un moule en fer battu. Tourner le moule pour bien napper le fond et les parois.

Verser le lait bouillant sur les œufs et dès que le caramel est blond, mettre le mélange dans le moule.

Cuire à four chaud au bain-marie 45 mn. On s'assure de la cuisson en piquant avec une lame de couteau.

Pour faciliter le démoulage mettre le moule au sortir du four dans l'eau froide.

Passer une lame de couteau entre le flan et les parois et retourner sur un plat creux.

Faire fondre le reste du caramel avec une goutte d'eau et napper.

Crème pralinée

Préparation et cuisson : 1 heure 15 minutes.

150 g. d'amandes mondées / 150 g. de sucre / 1 lit. de lait / 6 œufs.

Faire un caramel avec 6 morceaux de sucre juste mouillés ; le verser dans le lait. Faire griller les amandes et les hacher. Ajouter au lait, le faire bouillir. Hors du feu mélanger les œufs et le sucre, y verser le lait bouillant en remuant. Passer au tamis ; faire prendre au bain-marie, dans le four.

Sauce au vin

Préparation et cuisson : 40 minutes.

1 bouteille de vin du Jura / 1 citron / 1 morceau de sucre / 4 jaunes d'œufs.

Mettre la bouteille de vin dans une casserole avec 1/2 verre d'eau, l'écorce du citron râpée et un morceau de sucre. Ajouter le jus du citron. Faire bouillir jusqu'à ce que la sauce ait perdu le goût du vin. Puis délayer 4 jaunes d'œufs avec 2 cuillerées d'eau et y verser le vin, en remuant ; remettre sur le feu et tourner jusqu'à ce que la sauce épaississe ; elle ne doit pas bouillir. La passer au tamis et servir en saucière avec un gâteau.

Crème au chocolat

Préparation et cuisson : 30 minutes.

60 g. de chocolat à cuire / 1 lit. de lait / 6 jaunes d'œufs.

Faire fondre le chocolat avec la moitié du lait. Mélanger le reste avec les jaunes d'œufs, verser dans le chocolat chaud. Faire épaissir sur le feu jusqu'à ce que la crème nappe la cuillère.

Verser dans une jatte.

Ne pas faire bouillir car comme une crème anglaise elle « tournerait ».

Variante : On peut remplacer le 2e 1/2 litre de lait par de la crème (la mousse deviendrait plus onctueuse) mais dans ce cas ne mettre que 5 jaunes d'œufs.

Avec l'été c'est toute la série des desserts aux fruits comme le clafoutis aux cerises ou ...

... les poires au vin accompagnées de langues de chat ou de petits sablés.

Poires au vin

Préparation et cuisson : 1 heure.

1 kg. de petites poires à cuire / 150 g. de sucre / 3/4 lit. de vin / 1/4 lit. d'eau / 1 orange / 3 batons de cannelle.

Laver, éplucher les poires, les mettre dans un récipient avec le vin, l'eau, le sucre, la cannelle, l'orange (bien lavée et coupée en 4).

Faire cuire 1/2 heure à 3/4 d'heure environ selon la grosseur des fruits.

Servir bien frais.

Compote de marrons

Préparation et cuisson : 1 heure 15 minutes.

1 kg. de marrons / 250 g. de sucre / 1 gousse de vanille.

Faire cuire des marrons au four après avoir fendu l'écorce. Les éplucher et les mettre dans une casserole avec le sucre et 1/2 verre d'eau, la gousse de vanille fendue. Laisser mijoter 1/4 d'heure, retirer la gousse de vanille. Servir tiède.

Clafoutis aux griottes

Préparation et cuisson : 1 heure.

50 g. de farine / 2 œufs / 75 g. de sucre / Sel / 2 dl. de lait / 1 cuillerée à soupe de kirsch / 1 kg. de griottes lavées et équeutées.

Ne pas dénoyauter les cerises.

Beurrer un plat à gratin et les y disposer.

Dans une terrine battre en mousse les œufs et le sucre ; ajouter la farine, le sel, le lait tiédi et le kirsch. Mélanger le tout. Verser ce mélange sur les cerises.

Mettre à four chaud environ 40 mn.

Variante : On peut remplacer les cerises par des pommes coupées en lamelles très fines.

Langues de chat

Préparation et cuisson : 30 minutes.

3 œufs / 250 g. de sucre / 250 g. de farine / 1 grain de sel / 1 pincée de fécule / 1 cuillerée de jus d'orange.

Mêler tous les ingrédients. La pâte doit rester plutôt ferme que molle. La mettre dans une poche à douille, former des barres bien séparées sur une plaque beurrée. Laisser reposer 5 mn. et cuire à four doux.

Gâteaux secs

Préparation et cuisson : 1 heure.

150 g. de sucre / 250 g. de farine / 1 œuf / 60 g. de beurre / 1/2 paquet de levure.

Mélanger le sucre et l'œuf. Ajouter le beurre ramolli au bain-marie, la farine et la levure. Laisser reposer 15 mn. Etendre la pâte. Découper à l'emporte-pièce. Faire cuire sur une tôle à four moyen.

Sablés

Préparation et cuisson : 30 minutes.

300 g. de farine / 200 g. de sucre / 200 g. de beurre / 4 jaunes d'œufs.

Mêler tous les ingrédients et travailler cette pâte avec les mains, l'étendre au rouleau. Couper les petits gâteaux à l'emporte-pièce et les ranger sur une plaque beurrée. Cuire à four doux.

Tuiles vanillées au rhum

Préparation et cuisson : 45 minutes.

4 œufs / 125 g. de sucre fin / 125 g. de farine / 1 verre à liqueur de rhum / 5 g. de vanille en poudre.

Battre les œufs entiers en mousse, ajouter le sucre, la farine, puis les parfums. Travailler la pâte 1/2 heure, puis mettre dans une poche à douille, et faire des petits ronds sur une plaque beurrée.

Cuire à four chaud. Au sortir du four former les gâteaux sur un goulot de bouteille. Saupoudrer de sucre fin. On peut avant d'enfourner saupoudrer les gâteaux d'amandes émincées.

Pour rouler les tuiles, il faut agir rapidement car en refroidissant elles deviennent cassantes.

Comme les beignets de Carnaval, les cuisses de dames se font surtout à Mardi-Gras.

Servies saupoudrées de sucre glace les gaufres terminent agréablement un repas.

Cuisses de bonne femme

Préparation : 20 minutes. Cuisson : 30 minutes.

350 g. de farine / 200 g. de sucre en poudre / 4 œufs / 100 g. de beurre / 125 g. d'amandes en poudre / 1 cuillerée à soupe de kirsch / Sel fin / Zeste d'orange ou de citron râpé / Sucre fin.

Mélanger le sucre et les œufs pour obtenir un mélange mousseux ; ajouter la farine, le beurre fondu, les amandes, le sel, le kirsch et le zeste.

Laisser reposer la pâte bien travaillée pendant 2 heures.

Diviser la pâte avec une cuillère à café et en faire des petits boudins de la grosseur du petit doigt, en les roulant sur la planche à pâtisserie.

Les faire dorer dans de l'huile pas trop chaude.

Les saupoudrer sur le plat avec du sucre fin.

Gaufres molles

Préparation et cuisson : 45 minutes.

500 g. de farine / 1 bonne pincée de sel / 1 cuillerée d'eau-de-vie / 1 cuillerée d'huile d'olive / 3 œufs.

Verser la farine dans une terrine, faire un trou au milieu et y verser les différents ingrédients. Mélanger peu à peu en partant du centre. Ajouter du lait pour donner la consistance d'une bouillie. Faire chauffer le moule des deux côtés et badigeonner l'intérieur avec un pinceau huilé.

Verser une cuillerée de pâte. Laisser cuire 3 mn. d'un côté, tourner sur l'autre face pour 2 mn.

Les gaufres doivent êtres blondes et se détacher du moule facilement. Saupoudrer de sucre glace.

Beignets de Carnaval

Préparation et cuisson : 3 heures.

500 g. de farine / 200 g. de beurre / 3 œufs / 2 cuillerées d'eau-de-vie / 2 cuillerées de sucre / 1 pincée de sel / 2 dl. de crème / 1 paquet de levure.

Bien mélanger le beurre ramolli, le sucre, les œufs, puis la farine, l'eau-de-vie, le sel, la crème et la levure.

Faire une boule avec la pâte et laisser lever 2 heures. Faire une abaisse assez mince, découper en losanges, triangles, au choix. Cuire à l'huile très chaude.

Pâte levée

Préparation : 2 heures.

250 g. de farine / 1 pincée de sel / 2 blancs d'œufs / 10 g. de levure / 60 g. de beurre / 1 petit verre de lait tiède / 40 g. de sucre (pour la pâtisserie).

Dans un bol, mettre 50 g. de farine, y faire un puits, y mettre la levure et la délayer avec une petite partie du lait, puis incorporer à la farine pour former un pâton mollet (le levain). Le mettre couvert d'une serviette dans un endroit tiède pour qu'il double de volume.

Dans une terrine mettre le reste de farine, au centre le sel, le sucre, le lait tiède et le beurre ramolli. Mélanger tous ces ingrédients, ajouter les blancs d'œufs puis le levain et pétrir à la main en soulevant la pâte jusqu'à ce qu'elle fasse des bulles et qu'elle se détache de la terrine.

La mettre à lever pour qu'elle double de volume.

Pâte brisée

Préparation : 15 minutes.

200 g. de farine / 100 g. de beurre / 1 pincée de sel / 1 petit verre d'eau.

Mettre la farine sur la planche à pâtisserie, ajouter le sel, émietter le beurre froid en petits morceaux du bout des doigts farinés pour qu'il n'y colle pas.

Faire un puits, y mettre l'eau et mêler progressivement du bout des doigts pour former une pâte souple. La fraiser 2 ou 3 fois avec la paume de la main.

Laisser reposer 1/2 heure avant l'utilisation.

Pour les tartes aux fruits ajouter avec le sel 30 g. de sucre fin.

On peut également y ajouter 1 œuf entier en réduisant légèrement l'eau.

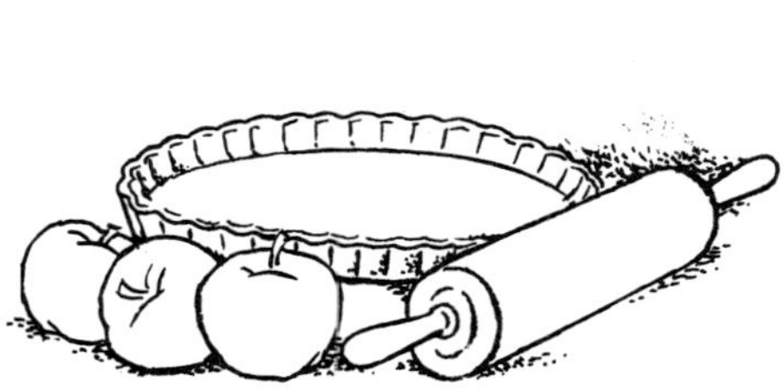

Fabrication de pâtes à tartes.

Tartes aux pommes, aux mirabelles ...

... et aux mûres.

Tarte aux myrtilles

Préparation et cuisson : 45 minutes.

250 g. de pâte brisée / 500 g. de myrtilles / 75 g. de sucre semoule.

Foncer le moule avec la pâte. La piquer pour éviter les boursouflures.

Répandre abondamment les myrtilles et mettre à four chaud.

Démouler sur une grille et saupoudrer de sucre semoule.

Variantes :

La tarte aux mûres se fait de la même manière.

On peut également recouvrir les fruits avec un flan.

Tarte aux quetsches

Préparation et cuisson : 1 heure.

250 g. de pâte brisée / 1 kg. de quetsches / 100 g. de sucre.

Foncer un moule ; couper les quetsches pour enlever le noyau et les disposer debout en cercle.

Mettre cuire à four chaud.

Démouler sur une grille et saupoudrer avec le sucre.

Variante : On peut procéder de la même manière avec des mirabelles.

Tarte aux pommes

Préparation et cuisson : 1 heure.

250 g. de pâte brisée ou feuilletée / 1 kg. de pommes / 2 œufs / 2 dl. de crème / 50 g. de sucre en poudre.

Foncer un moule à tarte ; éplucher, couper les pommes en quartiers et les disposer en cercles sur la pâte.

Mélanger la crème, les œufs, le sucre et verser sur les fruits.

Mettre à four chaud.

Après cuisson, poser sur une grille et saupoudrer de sucre fin.

Variante : On peut ajouter le flan à mi-cuisson des pommes, la pâte est plus croustillante.

Tarte aux griottes

Préparation et cuisson : 1 heure.

250 g. de pâte brisée / 1 kg. de griottes lavées et équeutées / 2 dl. de crème / 2 œufs / 100 g. de sucre.

Foncer une tourtière avec la pâte. Répartir les cerises sur le fond, elles doivent être très serrées. Mettre cuire environ 20 mn. à four chaud.

Mélanger dans un bol œufs, sucre, crème.

Répartir le flan sur toute la surface des fruits qui doivent rester apparents.

Remettre au four environ 10 mn.

Il est préférable de ne pas dénoyauter les cerises pour garder aux fruits toute leur saveur.

Tarte aux griottes (autre formule)

Préparation et cuisson : 1 heure.

1/2 verre d'eau / 450 g. de farine / 1 œuf / 2 petites cuillerées à café de sel fin / 3 cuillerées à bouche de sucre en poudre / 2 cuillerées à café d'huile / 125 g. de beurre et une noix de saindoux.

Sabler le beurre avec la farine, ajouter tous les ingrédients mais ne pas trop travailler la pâte. La laisser reposer au froid au moins 1/2 heure. Etendre très mince. Garnir de fruits, cuire à four moyen. Sucrer à la sortie du four.

Tarte de courge

Préparation et cuisson : 1 heure.

250 g. de pâte brisée / 300 g. de courge / 1 cuillerée de farine / 2 dl. de lait / 2 cuillerées de semoule de blé (facultatif) / 50 g. de sucre / 1 sachet de sucre vanillé / 3 œufs / 1 dl. de crème / 1 noix de beurre.

Faire cuire la courge épluchée et coupée. L'égoutter et la réduire en purée, y verser la farine en remuant, puis le lait, le sucre et éventuellement la semoule. Quand le mélange a tiédi, ajouter les œufs l'un après l'autre en mélangeant, remettre sur feu très doux quelques minutes puis mettre la crème et le beurre. Foncer une tourtière, piquer la pâte et y placer la préparation. Cuisson : 30 mn.

Tartes aux myrtilles ...

... aux griottes.

Galette de ménage franc-comtoise

Préparation et cuisson : 1 heure 30 minutes.

Proportions pour 4 galettes :
1 kg. de farine / 150 g. de sucre / 4 œufs / 125 g. de matière grasse / 4 cuillerées à soupe d'huile / 1/4 lit. de lait (largement mesuré) / 50 g. de levure de bière / 20 g. de sel / 1 cuillerée à soupe d'eau de fleur d'oranger.
Goumeau : *2 œufs / 1/4 lit. de crème / 100 g. de sucre.*

Mettre la farine dans un saladier. Faire une fontaine et y casser les œufs entiers, ajouter le sel, le sucre, le lait tiédi, la matière grasse ramollie, l'huile, l'eau de fleur d'oranger et la levure délayée dans un peu de lait tiède.

Travailler la pâte jusqu'à ce qu'elle se détache facilement du récipient ; la saupoudrer de farine et la rouler en boule. La pâte peut être préparée la veille. La pétrir avant de l'utiliser. Abaisser à 1 cm d'épaisseur, disposer dans la tôle les bords relevés et passer le rouleau sur les bords du moule pour enlever l'excédent de pâte. La laisser lever. Recouvrir les galettes de goumeau. Enfourner à four chaud pour 30 mn. de cuisson.

Tourte au chocolat

Préparation et cuisson : 1 heure 15 minutes.

250 g. d'amandes pelées et moulues / 250 g. de chocolat à cuire / 7 œufs / 250 g. de sucre / 2 citrons / 4 biscuits cuiller.

Mettre le chocolat à ramollir au bain-marie, ajouter 1 œuf et mélanger. Râper le zeste des citrons, avec le sucre, ajouter à la préparation ainsi que les jaunes d'œufs, mélanger pendant 20 mn. Battre les blancs d'œufs en neige et les incorporer délicatement en soulevant la masse.

Garnir le fond d'une tourtière beurrée d'un papier blanc et couvrir de biscuits pilés. Verser la pâte et faire cuire environ 40 mn. dans un four modérément chauffé. Retourner la tourte sur un plat et n'enlever le papier que lorsqu'elle sera froide, saupoudrer de sucre tamisé.

Quiche comtoise

Préparation et cuisson : 45 minutes.

Pâte levée pour 1 tarte / 1 bol de lait caillé / 2 dl. de crème / 2 œufs / 1 cuillerée de sucre.

Faire une abaisse assez mince et garnir une tôle beurrée. Mélanger le fromage blanc, la crème, les œufs, le sel. Verser sur la pâte une couche d'un centimètre. Sur la préparation, parsemer des petits morceaux de beurre gros comme des noisettes. Mettre au four. Servir tiède.

On peut remplacer le sucre par 1 pincée de sel, ce qui permet de la servir au repas du soir après un potage.

Sèches

Préparation et cuisson : 1 heure 30 minutes.

500 g. de farine / 125 g. de matière grasse / 2 jaunes d'œufs / 1 tasse d'eau / 1 tasse de crème épaisse / 10 g. de sel / 2 cuillerées à soupe d'eau-de-vie ou d'eau de fleur d'oranger.

Sabler la farine avec le beurre. Faire une fontaine, y mettre tous les autres éléments. Mélanger avec une fourchette puis prendre la main mais travailler rapidement pour ne pas faire fondre le beurre. Laisser lever.
Etendre très mince, placer sur une tôle. Dessiner des tranches à la roulette. Sucrer au sucre en poudre. Mettre à four chaud 10 à 15 mn.

Sèches (autre formule)

Préparation et cuisson : 1 heure 30 minutes.

1 œuf / 50 g. de beurre / 1 cuillerée de crème fraîche / 1 cuillerée de sucre / 100 g. de farine.

Faire une pâte à tarte assez ferme. Laisser lever 1 heure. Etendre sur une tôle. Saupoudrer de sucre et y mettre des noisettes de beurre. Enfourner.

Tarte au goumeau.

Pâtisserie rustique un peu oubliée, la sèche.

Gâteau comtois

Préparation et cuisson : 1 heure 30 minutes.

6 œufs / 50 g. de beurre frais / 125 g. de sucre / 6 cuillerées de lait / 250 g. de farine / 10 g. de levure de boulanger / Jus et zeste d'un citron.

Dans une terrine mélanger les jaunes d'œufs, le sucre, le beurre ramolli, le lait, ajouter la farine et la levure de bière émiettée. Bien amalgamer. Incorporer délicatement les blancs battus en neige ferme. Mettre la pâte dans un moule beurré et cuire à four chaud 1 heure.

Biscuit de ménage

Préparation et cuisson : 50 minutes.

125 g. de sucre en poudre / 3 œufs / 125 g. de beurre / 100 g. de farine / 25 g. de fécule / Parfum au choix / 1/2 paquet de levure chimique.

Mettre dans une terrine le sucre en poudre, 2 jaunes d'œufs, 1 cuillerée à café de fleur d'oranger par exemple ; travailler pour rendre l'appareil bien mousseux, ajouter le beurre ramolli au bain-marie, la farine et la fécule, tamisées ensemble ; puis mélanger avec précaution trois blancs d'œufs fouettés. Verser dans un moule uni, bas, et mettre à four doux pendant trente minutes ; on s'assure de la cuisson d'un biscuit en y piquant une aiguille en fer ; s'il est à point, l'aiguille doit en sortir sèche.

Brioche

Préparation et cuisson : 2 heures 45 minutes.

250 g. de farine / 20 g. de levure de boulanger / 1 œuf / 5 morceaux de sucre / 1 pincée de sel / 1 tasse à thé de lait ou de crème de lait cuit / 75 g. de beurre.

Faire fondre le sucre dans le liquide, ajouter le sel, la levure délayée dans une cuillerée d'eau tiède, le beurre ramolli, l'œuf battu. Mélanger avec la farine, et battre à la main pendant 1/4 d'heure pour lui faire absorber de l'air. Mettre dans un moule en couronne beurré. Laisser reposer 2 heures. Cuire à four chaud environ 20 mn. A la fin de la cuisson on peut couvrir avec un papier d'aluminium pour éviter que la brioche ne brunisse trop.

Le coclouf (Gougueloff) (Kougelopf)

Préparation et cuisson : 3 heures.

20 g. de levure de bière / 1 tasse de lait / 1 pincée de sel / 3 œufs / 3 cuillerées de sucre en poudre / 500 g. de farine / 125 g. de beurre / 125 g. de raisins secs / 1 cuillerée de rhum.

Délayer la levure dans le lait tiède. Dans une terrine mettre successivement la farine, le sucre, les œufs, le beurre en crème. Bien mélanger tous ces éléments en soulevant la pâte et en la pétrissant à la main pour l'aérer le plus possible, environ 1/2 heure. Lorsqu'elle se détache de la terrine, ajouter la levure délayée et battre la pâte quelques instants. La rassembler au fond de la terrine et la laisser lever dans un endroit tiède en la couvrant d'un linge. Dès qu'elle a doublé de volume, la travailler à nouveau et incorporer les raisins trempés dans le rhum. Graisser un moule en terre, y verser la pâte. Elle doit y lever 1 heure au moins. Quand elle atteint les bords, mettre à four chaud 45 mn. On peut le protéger avec du papier aluminium pour qu'il ne brunisse pas.

Il semblerait que ce gâteau soit originaire d'Autriche et introduit en France par la reine Marie-Antoinette. Sa forme arrondie rappelle celle des couvre-chefs du XIVe s., dits « Gugelhuete ». Ce gâteau est toujours présent lors d'une fête alsacienne.

Gâteau à la coquelle

Préparation et cuisson : 50 minutes.

2 œufs / 1 verre de sucre / 1 verre de farine / 4 cuillerées d'huile / 1/2 paquet de levure.

Bien mélanger tous les ingrédients.
Verser dans une coquelle en fonte bien graissée. Faire cuire sur feu très doux dans la coquelle couverte.

Glace blanche

200 g. de sucre pilé très fin (sucre glace) / 1 blanc d'œuf / 1 jus de citron.

Mêler ces éléments pour obtenir une pâte blanchâtre. Verser sur le gâteau et étaler avec une lame de couteau. Mettre au four pour dessécher en laissant la porte du four ouverte et retirer sitôt que la glace est devenue blanc opaque.

On peut à volonté varier le parfum, rhum, kirsch, marasquin.

Biscuit de ménage glacé et décoré pour un premier anniversaire

Le gâteau comtois peut prendre n'importe quelle forme.

Le « kougelopf » est une pâtisserie alsacienne qui a été adoptée en Franche-Comté. Il trône au petit déjeuner ou au goûter dominical.

Confiture de fraises

Préparation et cuisson : 1 heure.

1 kg. de fraises / 1 kg. de sucre.

Laver les fraises et retirer les queues. Mettre le sucre dans une bassine avec un demi-litre d'eau. Faire cuire le sirop jusqu'à ce qu'il soit au grand boulé, y jeter les fruits et faire revenir à ébullition. Laisser bouillir le tout 15 mn. et écumer. Retirer les fruits avec une écumoire et remplir les pots à moitié. Remettre le sirop sur le feu. Lorsqu'il est au petit boulé finir le remplissage des pots. Avec une fourchette soulever les fruits pour que le jus se répande partout. On peut mettre le jus restant dans des pots, ce qui donne une gelée très appréciée.

Mettre un peu de jus sur une assiette, si la cuisson est suffisante il doit coller au doigt.

La gelée obtenue par le reste de jus peut servir à napper des tartes aux fraises ou aux cerises, sans flan.

Confiture de fraises (autre formule)

Préparation et cuisson : 1 heure.

1 kg. de fraises / 1 kg. de sucre.

Laver et équeuter les fruits. Les mettre dans une bassine en cuivre, sur feu doux, surtout au début pour qu'elles n'attachent pas au fond. Lorsqu'elles sont toutes flétries et qu'elles ont jeté leur jus, les verser délicatement sur un tamis. Remettre cuire le jus avec le sucre jusqu'à ce que le sirop ait assez de consistance pour prendre en gelée quand il est froid. Remettre les fraises et faire cuire jusqu'à ce qu'elles soient gonflées, c'est-à-dire 10 mn. par livre de fruits.

Verser la confiture dans une terrine et la mettre en pots 2 jours plus tard.

Si la confiture était mise en pots tout de suite, les fraises remonteraient à la surface. Pour une longue conservation on peut mettre un papier blanc imbibé d'alcool et couvrir le pot avec une feuille blanche liée d'une ficelle.

Confiture de quetsches aux noix fraîches

Préparation et cuisson : 50 minutes.

2 kg. de quetsches pas trop mûres / 1,750 kg. de sucre / quelques noix fraîches.

Faire cuire les quetsches et le sucre avec 1/2 verre d'eau, à petits bouillons, en remuant souvent, 1/2 heure. Vérifier sur une assiette la consistance du jus, il doit être sirupeux. Ajouter les noix fraîches décortiquées, pelées. Faire cuire à nouveau 5 mn. Mettre en pots et couvrir très chaude.

Eau de noix (autre formule)

12 noix / 2 lit. d'eau-de-vie / 500 g. de sucre par litre de liquide obtenu.

Prendre 12 noix ayant atteint leur grosseur, mais pas encore dures ; les couper en quatre et les mettre dans un bocal contenant 2 litres de bonne eau-de-vie ; laisser infuser un mois au moins et même plus.

Faire fondre dans un verre un morceau de sucre dans un peu d'eau et verser dans ce verre 8 à 10 gouttes de l'eau de noix. Vous jugerez par là de la force du mélange et ainsi de la quantité d'eau à ajouter. S'il n'est pas trop fort, délayer 500 g. de sucre avec un verre d'eau pour 1 litre d'infusion de noix et mélanger le tout.

Eau de coings

Laver et essuyer les coings, les râper. Laisser reposer deux à trois jours. En exprimer le jus par pression dans un linge. Y ajouter de l'eau-de-vie, 1/4 de litre pour 1 litre de jus obtenu et 150 g. de sucre par litre de mélange. Après deux mois, filtrer et mettre en bouteille.

Vin de framboises

1,25 lit. de bon vin rouge 12° / 1 grand bol de framboises / 750 g. de sucre / 1 verre d'alcool à 90° ou 2 verres d'eau de vie de fruits neutre.

Faire macérer le vin, les framboises et le sucre pendant 48 heures en remuant souvent pour faciliter la fonte du sucre.

Filtrer sans écraser les fruits.

Ajouter l'alcool. Mettre en bouteille et boucher.

Vin de pêches de vignes

Préparation et cuisson : 30 minutes.

1 bouteille de vin du Jura / 6 pêches bien mûres / 3 cuillerées à soupe de sucre / 1 petit verre de kirsch / des glaçons.

Peler les pêches, les couper en deux et en extraire le noyau. Détailler en quartiers et les disposer dans une cruche en verre, recouvrir avec le sucre. Laisser macérer 1/2 heure.

Au moment de servir ajouter le vin, l'alcool et les glaçons.

Les vergers et jardins de Franche-Comté riches en fruits offrent la possibilité de confitures différentes.

La variété des « vins » et liqueurs réalisés avec les fruits est infinie.